LA RECHERCHE

DE LA

PATERNITÉ

ÉTAT DE LA QUESTION D'APRÈS LES DERNIERS TRAVAUX PARLEMENTAIRES
EN FRANCE ET LES LÉGISLATIONS ÉTRANGÈRES

PAR

M. Maurice MAYET

ANCIEN MAGISTRAT
RÉDACTEUR AU *MINISTÈRE DE LA JUSTICE*

EXTRAIT DU *JOURNAL DES PARQUETS*

PARIS

LIBRAIRIE NOUVELLE DE DROIT ET DE JURISPRUDENCE
ARTHUR ROUSSEAU, ÉDITEUR
14, RUE SOUFFLOT ET RUE TOULLIER, 13

1899

LA RECHERCHE

DE

LA PATERNITÉ

ÉTAT DE LA QUESTION D'APRÈS LES DERNIERS TRAVAUX PARLEMENTAIRES

EN FRANCE ET LES LÉGISLATIONS ÉTRANGÈRES

LA RECHERCHE

DE LA

PATERNITÉ

ÉTAT DE LA QUESTION D'APRÈS LES DERNIERS TRAVAUX PARLEMENTAIRES
EN FRANCE ET LES LÉGISLATIONS ÉTRANGÈRES

PAR

M. Maurice MAYET

ANCIEN MAGISTRAT
RÉDACTEUR AU *MINISTÈRE DE LA JUSTICE*

EXTRAIT DU *JOURNAL DES PARQUETS*

PARIS

LIBRAIRIE NOUVELLE DE DROIT ET DE JURISPRUDENCE

ARTHUR ROUSSEAU, ÉDITEUR

14, RUE SOUFFLOT ET RUE TOULLIER, 13

1899

LA RECHERCHE

DE

LA PATERNITÉ

ÉTAT DE LA QUESTION D'APRÈS LES DERNIERS TRAVAUX
PARLEMENTAIRES EN FRANCE ET LES LÉGISLATIONS
ÉTRANGÈRES (1).

La question de savoir si la recherche de la paternité doit
être admise a fait l'objet d'études approfondies et passionnées
de la part des philosophes et des sociologues. Partant des principes du droit naturel, ils ont, presque tous, conclu à l'admission de la recherche de la paternité. Mais, les diverses législations se sont divisées sur ce point : les unes autorisent la recherche, d'autres la repoussent ; d'autres, enfin, l'admettent
sous certaines conditions, et limitent ses effets à une simple
créance alimentaire.

Il semble donc utile de dégager, au seuil de cette étude, les
principes de droit naturel qui dominent la matière. Nous exa-
minerons ensuite les arguments qui ont été invoqués pour et
contre la recherche de la paternité, et, après avoir jeté un
rapide coup d'œil sur les législations étrangères, nous recher-
cherons si notre Code civil pourrait être modifié, et dans quelle
mesure.

Kant, dans les « Eléments métaphysiques de la doctrine du
droit », a déduit les rapports qui naissent, entre le père et son
enfant, du fait de la génération. « Comme, écrit-il, le fruit de
l'union de l'homme et de la femme n'est pas une pure chose,
mais une personne, et comme la naissance de cette personne
n'a point dépendu de sa volonté, mais de la volonté de ses

---

(1) Cette étude, dont le but est de présenter l'état actuel de la [question
et d'exposer les divers arguments invoqués pour et contre l'admission de la
recherche de la paternité, a été rédigée à l'aide des éléments de discussion
qui sont rapportés dans les documents parlementaires.

parents, il suit qu'en venant au monde, l'enfant a le droit d'attendre de ses parents, non seulement qu'ils ne le détruisent pas ou ne l'abandonnent pas au hasard, ainsi qu'ils pourraient faire d'une œuvre mécanique ou d'une chose indifférente, mais qu'ils fassent tout ce qui est en leur pouvoir pour lui rendre aussi agréable et aussi facile que possible, l'existence qu'ils lui ont donnée sans son consentement. De là donc, avec le droit de l'enfant à l'égard de ses parents, le devoir des parents vis-à-vis de leur enfant ».

Ainsi, l'enfant, par cela seul qu'il a été mis au monde, a un droit absolu à la vie, et, en outre, ce droit, non moins impérieux, de compter sur ceux desquels il la tient pour la lui conserver jusqu'au jour où ils lui auront assuré les moyens de se la conserver lui-même.

Les parents sont donc moralement tenus, et juridiquement obligés, les diverses législations ayant fait d'une règle de conscience un principe de droit positif, de nourrir leur enfant, de le loger, de le vêtir, de le protéger contre les dangers de toute nature qui le menacent. Ils doivent également contribuer, par une éducation et une instruction appropriées, au développement de ses facultés intellectuelles.

Mais, on peut se demander si cette obligation pèse également sur le père et sur la mère, ou si l'un d'eux est plus étroitement obligé que l'autre. Il importe, dès lors, de rechercher quel est celui auquel incombe la plus grande part de responsabilité dans l'acte de la procréation. Or, il n'est pas douteux que, le plus souvent, c'est l'homme qui assume la plus grande responsabilité. Si, pour satisfaire sa passion, il n'a point employé les violences physiques ou la pression morale, il aura, en tout cas, mis en œuvre une volonté plus sûre, plus ferme, une intelligence plus subtile. D'autre part, la femme qu'il a rendue mère, éprouve, du fait de la maternité, un affaiblissement de son corps, un ébranlement de sa santé, une diminution de ses forces physiques, et aussi un accroissement de ses besoins qui se doublent de ceux de l'enfant qu'elle porte dans son sein. On comprend, dès lors, que l'homme ait, vis-à-vis de la femme qui a souffert par lui, un devoir d'assistance, et que la responsabilité du père s'augmente, en raison de tout ce que la gestation et l'enfantement ont causé de douleurs à la mère.

Mais, la responsabilité du père ne peut avoir d'effet qu'autant que la filiation entre l'enfant et lui aura été établie.

Les enfants nés dans le mariage ont, sous ce rapport, toutes les garanties nécessaires. Les énonciations de leur acte de naissance font foi de leur filiation. Cet acte constitue, pour les enfants légitimes, un titre sur lequel ils peuvent fonder la revendication de leur droit.

Les enfants naturels reconnus trouvent, eux aussi, dans les énonciations des actes qui constituent leur état civil, le titre nécessaire à l'établissement et à la consécration de leur droit.

Mais les enfants naturels non reconnus? Leur acte de naissance est muet sur leur filiation ; ils n'ont aucun titre sur lequel ils puissent fonder leur réclamation. Bien plus, s'ils veulent se livrer à des investigations en vue d'établir leur filiation paternelle, la loi intervient pour les arrêter. Leur réclamation, si juste au point de vue du droit naturel, est écartée par le droit positif. Elle se heurte à la disposition formelle de l'article 340 du Code civil : « La recherche de la paternité est interdite. Dans le cas d'enlèvement, lorsque l'époque de cet enlèvement se rapportera à celle de la conception, le ravisseur pourra être, sur la demande des parties intéressées, déclaré père de l'enfant ».

Mais, il est permis à l'enfant, à charge par lui de fournir des preuves bien difficiles à administrer, de rechercher sa mère, laquelle, abandonnée lâchement par l'homme qui l'a rendue mère, est dans une situation telle que, le plus souvent, elle est dans l'impossibilité de subvenir aux besoins de son enfant. La reconnaissance volontaire ou forcée de la mère est donc, la plupart du temps, inefficace pour l'enfant, tandis que la reconnaissance du père pourrait avoir, pour lui, de très réels avantages.

Le droit des enfants, si nettement établi, en thèse générale, nous venons de le voir, par le droit naturel, est donc méconnu par le droit positif, en ce qui concerne les enfants naturels non reconnus, alors qu'il est respecté et réglementé par la loi elle-même, lorsqu'il s'agit des enfants légitimes ou des enfants naturels reconnus.

Quelle est la raison de cette différence de traitement ? Quelle en est la justification ? Doit-elle être maintenue ? Doit-elle, au contraire, être supprimée ?

Telles sont les questions que nous avons maintenant à examiner.

Avant d'entrer dans la discussion des deux opinions en présence sur ce point, il nous paraît utile d'exposer rapidement comment la question a été résolue dans les divers états de notre législation.

Les coutumes de l'ancienne France et les ordonnances royales ne contenaient aucune disposition relative à la preuve de la paternité hors mariage. La reconnaissance, sous quelque forme qu'elle fût intervenue, faisait foi de la filiation des enfants naturels, même des enfants adultérins. Il en était de même de la possession d'état. Quand le père, bien qu'il n'eût pas expressément reconnu son enfant, s'était comporté paternellement à son égard ; quand il avait pourvu à ses divers besoins ; quand, en un mot, sa conduite était un aveu tacite de paternité, celle-ci pouvait être proclamée par une décision de justice provoquée par l'intéressé.

Il était, d'ailleurs, admis que la paternité hors mariage pouvait être librement recherchée en justice. Les juges avaient à cet égard, un pouvoir absolu d'appréciation, non seulement en ce qui concerne les faits desquels pouvait résulter la preuve de la filiation naturelle, mais aussi en ce qui concerne la justification de ces faits.

La règle dominante en cette matière était contenue dans la formule célèbre du président Fabre : « Virgini parturienti « creditur dicenti se ab aliquo cognitam et ab eo prœgnantem. « Non item de meretrici, misi constet eam cohabitasse cum eo « a quo se dicit cognitam ».

On imagine facilement les abus auxquels put donner lieu un pareil système : les tribunaux n'hésitaient pas à statuer sur la déclaration d'une fille-mère, quelle qu'ait été, d'ailleurs, sa moralité. Et si le père réclamé prouvait que la mère avait eu, à l'époque de la conception, des relations avec d'autres hommes, on préférait attribuer l'enfant à tous ceux qui avaient eu des relations avec la mère, les solidarisant ainsi dans les conséquences d'une faute commune, que de ne l'attribuer à aucun d'eux.

La raison de cette extrême facilité accordée à la recherche de la paternité est la suivante. La charge de l'entretien des enfants abandonnés incombait, dans l'ancien droit, aux seigneurs hauts-justiciers, en compensation du bénéfice qu'ils recueillaient dans leurs successions *ab intestat* à raison du « droit de bâtardise ». Les hauts-justiciers avaient donc tout intérêt à ce que les abandons ne fussent pas nombreux, et c'est pour cela que la recherche de la paternité était facilitée dans les anciennes coutumes. Autrement dit, on espérait substituer les responsabilités individuelles à la responsabilité sociale.

Cette jurisprudence, qui laissait le champ libre au chantage, donna lieu aux pires scandales.

Le droit intermédiaire voulut réagir contre cette situation, et la loi du 12 brumaire an II dispose, interdisant par là même la recherche de la paternité, que la paternité naturelle ne peut être prouvée que par une reconnaissance authentique. Les enfants naturels ainsi reconnus ont les mêmes droits successoraux que s'ils étaient légitimes.

Les rédacteurs du Code avaient donc encore présents à la mémoire les scandales qui étaient nés sous l'empire de l'ancienne maxime : « Virgini parturienti creditur... », et ils ont voulu remédier à cette situation. C'est là une de leurs principales préoccupations ; elle apparaît nettement dans les paroles qui ont été prononcées devant les diverses assemblées, lors de la discussion du projet de Code civil.

C'est, d'abord, le conseiller d'Etat Bigot-Préameneu, qui, dans l'exposé des motifs, à la séance du 20 ventôse an XI, s'écrie : « Depuis longtemps, dans l'ancien régime, un cri général s'était élevé contre les recherches de la paternité. Elles exposaient les tribunaux aux débats les plus scandaleux, aux jugements les plus arbitraires, à la jurisprudence la plus variable. L'homme dont la conduite était la plus pure, celui même dont les cheveux avaient blanchi dans l'exercice de toutes les vertus, n'étaient point à l'abri de l'attaque d'une femme impudente, ou d'enfants qui lui étaient étrangers. Ce genre de calomnies laissait toujours des traces affligeantes. En un mot, les recherches de paternité étaient regardées comme le fléau de la société. Une loi très favorable aux enfants naturels fut rendue par la Convention, le 12 brumaire an II ; cependant, elle crut devoir faire cesser l'abus des procès dont les enfants voudraient encore tourmenter les familles sans motifs plausibles... A cette même époque, une partie du Code civil était préparée, et on se disposait à la promulguer d'un jour à l'autre. On y avait établi que la loi n'admet point la recherche de la paternité non avouée, et que la preuve de la reconnaissance du père ne peut résulter que de sa déclaration faite devant un officier public. Dans la loi proposée, cette sage disposition, qui interdit les recherches de la paternité, a été maintenue. Elle ne pourra jamais être établie contre le père que par sa propre reconnaissance, et encore faudra-t-il, pour que les familles soient, à cet égard, à l'abri de toute surprise, que cette reconnaissance ait été faite, ou par l'acte même de naissance, ou par acte authentique ».

C'est ensuite le tribun Lahary, dans la séance du 28 ventôse an XI : « Rien de plus fréquent autrefois, dit-il, que ces audacieuses réclamations d'état dont on assiégeait de toutes parts les tribunaux. Que de femmes impudentes osaient publier leur faiblesse sous prétexte de recouvrer leur honneur ! Combien d'intrigants, nés dans la condition la plus abjecte, avaient l'inconcevable hardiesse de prétendre s'introduire dans les familles les plus distinguées, et surtout les plus opulentes ! On peut consulter à cet égard le recueil des causes célèbres, et l'on ne saura trop ce qui doit étonner davantage, ou de l'insuffisance de nos lois sur cet important objet, ou de la témérité de ceux qui s'en faisaient un titre pour égarer la justice et troubler la société. Elle cessera enfin cette lutte scandaleuse et trop funeste aux mœurs : la recherche de la paternité est interdite..... Combien une telle loi aurait puissamment influé sur nos mœurs, il y a un demi-siècle, et pourquoi faut-il que nous ayons à regretter qu'elle n'ait été promulguée que de nos jours ! Mais, quoique tardive, elle n'en opérera pas moins les heureux résultats qu'on doit en attendre, puisque l'effet des bonnes lois est d'amener insensiblement les bonnes mœurs ».

C'est enfin le tribun Duveyrier qui, devant le Corps législatif, le 2 germinal an XI, s'exprime ainsi : « On convenait que la nature avait couvert la paternité d'un voile impénétrable ; on convenait que le mariage était établi pour montrer, à défaut du signe naturel, cette paternité mystérieuse : et c'était précisément hors du mariage qu'on prétendait percer le mystère et découvrir la paternité. Ces procès étaient la honte de la justice et la désolation de la société. Les présomptions, les indices, les conjectures érigées en preuve, et l'arbitraire en principe ; le plus honteux trafic calculé sur les plus doux sentiments ; toutes les classes, toutes les familles livrées à la honte et à la crainte. A côté d'une infortunée qui réclamait secours au nom et aux dépens de l'honneur, mille prostituées spéculaient sur la publicité de leurs désordres, et mettaient à l'enchère la paternité dont elles disposaient. On cherchait un père à l'enfant que vingt pères pouvaient réclamer, et on le cherchait toujours, autant que possible, le plus vertueux, le plus honoré, le plus riche, pour taxer le prix du silence au taux du scandale ».

Ces déclarations permettent aux partisans du maintien de la prohibition formulée dans l'article 340 du Code civil, dont nous allons maintenant exposer la doctrine (1), d'invoquer les travaux préparatoires à l'appui de leur opinion. Ils y trouvent, admirablement mis en lumière, un de leurs principaux arguments : l'admission de la recherche de la paternité ouvre la porte au scandale et au chantage. En vain leur objecte-t-on que les scandales qui se sont produits sous l'ancien régime, étaient dus bien plutôt au mode de preuve adopté qu'au principe lui-même. Pour eux, cette objection n'est pas sérieuse et

(1) Cette doctrine a été très nettement exposée par M. Cazot, dans un rapport qu'il a fait au Sénat à l'occasion de la proposition de loi déposée par M. Bérenger et plusieurs de ses collègues en vue d'autoriser la recherche de la paternité (Sénat, *Session extraordinaire de 1883*, n° 32. Annexe au procès-verbal de la séance du 10 novembre 1883). Nous avons puisé dans ce rapport les principaux arguments et de précieux renseignements, nous lui avons fait de larges et fréquents emprunts.

ils estiment que le danger est dans l'admission du principe
lui-même, lequel a pour conséquence fatale le scandale. Ce
qui le prouve surabondamment, disent-ils, c'est qu'en Angleterre, où la recherche de la paternité est autorisée, on a tenté
vainement, en 1835, d'enrayer le mal en modifiant la procédure.
Mais cette modification n'a amené aucune amélioration, et, en
1875, on a dû revenir à l'ancienne procédure qui avait l'avan-
tage d'être plus simple.

On doit conclure de là que c'est le principe lui-même qui est
mauvais et dangereux, et que les difficultés dont on pourrait
hérisser la procédure seraient impuissantes à réfréner les spé-
culations honteuses qui exploitent la crainte du scandale ; elles
auraient pour unique résultat d'effrayer les personnes qui ont
un droit certain et de les dissuader d'engager leur action. Elles
gêneraient les personnes intéressantes et n'arrêteraient pas les
intrigants.

Et, d'ailleurs, l'on ne saurait soutenir sérieusement que
l'homme honnête n'a rien à craindre des tentatives de chantage,
parce qu'il sera protégé devant les tribunaux par son honora-
bilité. Ce serait oublier, en effet, que, même après un acquittement, la réputation de celui qui aura été recherché n'en res-
tera pas moins ternie devant l'opinion par suite de la révélation,
au cours des débats, de certains détails de sa vie privée, ou
même simplement par le seul fait qu'il a été l'objet d'une action
en recherche de la paternité. Beaucoup, pour éviter cette sorte
de flétrissure morale, préféreront à un acquittement certain
l'achat, à prix d'or, du silence de ceux qui le poursuivent. Et,
ainsi, l'admission du principe de la recherche de la paternité
favorisera le chantage.

Mais, ces considérations de fait, pour importantes qu'elles
soient, ne suffisent pas, même aux yeux des partisans du maintien de l'interdiction de la recherche de la paternité, et ils
ajoutent que les demandes de cette nature se heurtent à un
obstacle insurmontable : l'impossibilité de la preuve.

Le législateur, en raison de l'intérêt supérieur qui s'y trouve
engagé, et malgré le scandale et le chantage auxquels elles
donnent souvent lieu, n'a pas cru devoir interdire les poursui-

tes, lorsqu'il s'agit d'attentats aux mœurs, d'adultère, de séparation de corps, de désaveu ou de réclamation d'état, mais, c'est que, dans toutes ces hypothèses, la preuve directe des faits allégués peut être faite facilement.

Tout autre est la situation lorsqu'il s'agit de la recherche de la paternité, et tout le monde reconnaît que la preuve directe est impossible.

Mais, il reste les présomptions, qui, dans bien des cas, peuvent équivaloir à une preuve directe. Les présomptions se divisent en présomptions légales et en présomptions de l'homme. Les premières sont, on le sait, des inductions fondées sur ce qui se passe le plus ordinairement, et à l'aide desquelles, concluant du général au particulier, on arrive à la plus grande vraisemblance, et à la plus grande probabilité. Les secondes sont livrées entièrement à l'appréciation du juge ; elles peuvent donc présenter le danger de l'arbitraire, et elles ne sont admises par la loi que sous des garanties très strictes, de nature à atténuer ce danger.

En matière de filiation légitime, le législateur n'a pas hésité à recourir à la présomption légale, parce que l'état des familles repose sur une base fixe : le mariage et la cohabitation des époux qui en est l'habituelle conséquence. Il était, dès lors, naturel de décider que le père des enfants était le mari de la mère.

Mais, en dehors du mariage, il n'y a pas de signe légal de la paternité : cela n'est discuté par personne. Peut-il y être suppléé par des présomptions de fait ? En d'autres termes, là où la preuve directe n'est possible que par l'aveu, là où il n'existe aucune base pour asseoir une présomption légale, peut-on recourir aux présomptions de l'homme ? Ce serait un procédé très dangereux et que le législateur n'a jamais voulu consacrer dans aucune matière. Or, le danger est encore bien plus grand dans la question qui nous occupe où il s'agit de constater une filiation, où le repos et l'honneur d'une famille sont en jeu. On ne peut pas raisonnablement, dans une matière aussi grave, admettre un mode de preuve aussi sujet à erreur.

On objecte que le législateur a admis des actions où la preuve est au moins aussi difficile à administrer ; par exemple, dans l'hypothèse prévue par l'article 339 du Code civil : tous ceux qui y ont intérêt peuvent contester la reconnaissance. C'est une erreur de croire que cette preuve est difficile à faire. Quoi de plus facile, en effet, que de prouver que le père était impubère à l'époque de la conception ; qu'à cette même époque, il était dans l'impossibilité de cohabiter avec la mère ?

Nous avons vu que les rédacteurs du Code, en interdisant la recherche de la paternité, espéraient imposer plus de retenue aux femmes et améliorer les mœurs. Il est incontestable que leur espérance a été déçue. Mais, peut-on affirmer que la cause en soit dans la prohibition inscrite dans l'article 340 du Code civil ? Certainement non. L'influence des lois sur les mœurs n'est pas aussi grande qu'on le voudrait faire croire. Les causes de l'amélioration ou du dérèglement des mœurs résident toutes dans les conditions économiques de la vie. Voilà la vérité !

Or, depuis la promulgation du Code civil, notre régime économique a été profondément modifié. L'industrie a prospéré ; de grands ateliers se sont ouverts, et le travail qui, en raison des conditions nouvelles de la fabrication et de la production, ne peut plus être fait autour du foyer domestique, est accompli dans l'atelier commun. C'est là que se développent, dans une incessante promiscuité, tous les vices et toutes les passions, favorisés par les nécessités toujours croissantes de la vie, le besoin de luxe qui hante les plus humbles, l'insuffisance des salaires. Ainsi s'explique, sans en aller chercher la cause ailleurs, la corruption qui a pénétré les couches les plus profondes de la population.

On ne peut pas soutenir sérieusement qu'au milieu de toutes ces causes de dépravation, l'interdiction de la recherche de la paternité ait une influence quelconque. La meilleure preuve en est que, dans les pays où la recherche est autorisée, il y a plus de naissances illégitimes qu'en France (Bavière, 16.47 0/0 ; Autriche, 13.46 0/0 ; Prusse, 7.75 0/0 ; France, 7.35 0/0), et que dans les cantons du Tessin et de Genève, où la recherche est interdite, l'on constate très peu de naissances illégitimes dans l'un, et beaucoup dans l'autre.

Il faut conclure de là que la règle posée dans l'article 340 est sans influence appréciable sur le dérèglement des mœurs.

Mais, cette règle ne serait-elle pas l'une des causes des nombreux avortements, infanticides, suicides de filles-mères que nous constatons tous les jours ? Dans cet ordre d'idées encore, l'influence de la prohibition est inappréciable, car les mêmes fléaux existent avec la même intensité dans les pays où la recherche de la paternité est admise.

On peut donc affirmer que ce n'est pas en modifiant notre législation que l'on portera remède au mal. Il semble que ce remède consisterait bien plutôt dans la création de nouvelles institutions de charité, d'un large système d'assistance, et d'un mode pratique de répartition des secours publics.

On a dit aussi que la disposition de l'article 340 constituait une criante injustice parce qu'elle laisse indemne celui qui, dans la faute, a eu la plus grande part de responsabilité. Il est facile de répondre à cette nouvelle objection.

Il n'est pas rare, en effet, de rencontrer des femmes qui, loin d'être victimes, ont joué le rôle principal ; qui, par exemple, comme celles dont parle « M. Villerme à Reims, s'offrent à l'âge de douze ans, ou qui, à St-Quentin, s'attifent le soir pour plaire aux bourgeois, en sortant de l'atelier ; qui vont faire leur cinquième quart de journée, et qu'on appelle des cinq quarts (1) ».

Il en est d'autres dont les allures, la coquetterie, les provocations sont des pièges incessants pour le maître ou le patron auquel elles espèrent faire payer très cher plus tard la faute qu'elles ont provoquée et préparée.

Celles-là ne sont pas à plaindre.

Dans la plupart des cas, l'homme et la femme ont cédé à un entraînement réciproque : la responsabilité est alors égale pour chacun d'eux.

Mais, il est malheureusement vrai que, souvent, l'homme, en abusant de la supériorité de son âge, de sa position, en employant des artifices coupables, et parfois même la violence, a

____

(1) Rapporté par M. Cazot, dans le document précité.

seul déterminé la chute de la femme, et, par là même, assumé
la plus grande part de responsabilité dans la faute commune.
Celui-là mérite un châtiment, et c'est, en effet, contre lui que
sont dirigées les prescriptions des articles 354 et suivants du
Code pénal qui prévoient et punissent la séduction. D'autre
part, une jurisprudence constante décide, en vertu du principe
général posé dans l'article 1382 du Code civil, que la personne
séduite a droit à des dommages-intérêts. Voilà des sanctions suf-
fisantes, et qui n'ont pas besoin d'être modifiées ou complétées
par l'admission de la recherche de la paternité. Il faut reconnaître, d'ailleurs, que ce serait une étrange conception de la
paternité que d'en considérer l'attribution comme une peine et
comme la sanction d'une faute.

Le droit de l'enfant que l'on invoque pour demander l'abrogation de l'article 340 est incontestable, mais il a ses limites,
comme tous les droits. Il se heurte tout d'abord à l'obligation
d'apporter des preuves : or, l'enfant naturel ne peut apporter
un élément certain d'appréciation que s'il a été reconnu, et
s'il établit que la reconnaissance a été sincère. Dans tous les
autres cas, on reste fatalement dans l'incertitude la plus absolue.

Le droit de l'enfant se heurte, en second lieu, aux droits,
non moins intéressants, de la famille légitime, qui n'est pas
responsable de la faute commise, et qui, cependant, sera profondément atteinte pour l'action dirigée contre l'un de ses
membres.

Enfin, pour être logique, si l'on admet l'enfant naturel à rechercher son père, il faut également accorder cette faculté aux
enfants adultérins ou incestueux. On ne comprendrait pas, en
effet, que l'homme qui n'a pas reculé devant l'adultère ou l'in-
ceste bénéficiât d'une immunité complète, alors que l'auteur
d'une grossesse simplement naturelle serait exposé à des poursuites. Il est aisé de concevoir les conséquences désastreuses
que pourrait avoir une semblable législation.

La logique veut également que les enfants naturels qui auront recherché leur père et auront obtenu gain de cause, soient
mis dans la famille, sur le même pied que les enfants légitimes.

Ce serait la ruine du régime de la famille institué par nos lois civiles. Ce serait méconnaître la prédominance qui doit être accordée au mariage et à la descendance légitime.

Lorsqu'une loi doit avoir de telles conséquences, c'est qu'elle est mauvaise, et il faut la repousser sans hésitation.

Tels sont les divers arguments invoqués par les partisans du maintien de la disposition contenue dans l'article 340 du Code civil.

Voyons, maintenant, comment raisonnent leurs adversaires (1).

Déjà depuis longtemps les sociologues ont jeté le cri d'alarme et appelé la sollicitude des pouvoirs publics sur la diminution de la population et l'augmentation de la mortalité des enfants du premier âge. C'est là un fait inquiétant qui n'est que trop réel, et dont les statistiques révèlent l'exactitude. D'autre part, les avortements, les infanticides, les suicides de femmes abandonnées sont plus nombreux que jamais.

La société ne peut pas rester froide et impassible, inactive en présence de cet état de choses ; elle a le devoir d'en rechercher la cause pour y apporter un remède.

Or, si la cause en est, il est vrai, et pour une grande part, dans la honte qui s'attache à la maternité hors mariage, elle en est aussi et surtout dans l'interdiction de la recherche de la paternité, dans l'impossibilité où sont les filles-mères d'élever leurs enfants. Si elles avaient l'espoir, non pas même d'une réhabilitation, mais seulement d'un secours de la part de celui qui les a rendues mères ; si le père était appelé à contribuer à l'entretien de son enfant, il est certain que le nombre des abandons et des crimes concernant les enfants diminuerait considérablement. — La femme qui cherche un refuge dans la mort, qui fait disparaître son enfant, ne serait peut-être pas devenue criminelle si elle avait trouvé dans la loi la protection sur laquelle tout citoyen a le droit de compter.

(1) Voir sur tous ces points le rapport déposé par M. Julien Goujon à la Chambre des députés sur les propositions de loi de M. Rivet et de M. Arthur Groussier (Ch. des députés, session de 1897, n° 2524, annexe au procès-verbal de la séance du 17 juin 1897), auquel nous avons fait de fréquents emprunts.

La prohibition de l'article 340 a le grave inconvénient, quoi que l'on en veuille bien dire, de favoriser le dérèglement des mœurs. L'immoralité n'est, cependant, déjà que trop facilitée par les nécessités du travail journalier qui soumettent la jeune fille et la femme aux promiscuités de l'atelier, l'exposent à toutes les obsessions d'un patron ou d'un contremaître qui abuse de son autorité, et auquel on n'ose pas résister, par crainte de perdre le salaire nécessaire à la vie quotidienne.

Grâce à la disposition de l'article 340, l'homme est libre ; il est déchargé de toute responsabilité ; il peut se livrer sans crainte à tous les débordements. La loi a voulu honorer le mariage, et cependant, elle a créé entre l'homme marié et le célibataire une différence qui est toute en faveur de ce dernier. Celui-ci n'a pas voulu s'astreindre aux exigences parfois pénibles, aux sévères devoirs de la famille, et il trouve dans la loi une garantie contre les conséquences de ses dérèglements. Il est protégé contre toutes les vraisemblances, souvent même contre les preuves les plus certaines, et si, dans un moment d'attendrissement, où la conscience et le repentir auront fait entendre leurs voix, il vient à avouer sa paternité par des actes ou dans une correspondance explicite, le Code intervient pour interdire à l'enfant auquel il a donné la vie de le mettre en demeure de remplir les obligations naturelles qu'il a contractées vis-à-vis de lui en lui donnant le jour.

La conséquence de cette irresponsabilité, c'est que l'homme profite de sa fortune, de son oisiveté, de sa situation sociale pour circonvenir la jeune fille avec de tendres paroles, quelquefois même avec des promesses d'argent, et, comme le salaire de la femme est insuffisant pour la faire vivre, il n'a pas de peine à vaincre les résistances qui lui sont opposées. Le désir sensuel une fois assouvi, il oublie bien vite toutes ses promesses, il abandonne sa victime enceinte, et il court, sans remords, sans crainte de ses actes passés, sans avoir rien à redouter de sa faute, à de nouvelles amours.

Pourquoi cet homme auquel la loi permet de ne pas reconnaître des enfants de la paternité desquels il est certain, irait-il s'enchaîner dans les liens du mariage, assumant ainsi des devoirs impérieux, et risquant d'endosser la paternité d'enfants qui ne seraient pas de lui ? Pourquoi, en un mot, se créerait-il de graves obligations quand il peut n'en supporter aucune ? Aussi les unions illégitimes sont, de jour en jour, plus nombreuses. Que l'homme soit tenu de reconnaître ses enfants, le mariage et la morale y gagneront.

Ecrasement de la femme sous un fardeau disproportionné à ses forces ; la femme livrée à toutes les tentations de la misère et de la faim, vouée au suicide ou à la prostitution : l'enfant végétant et s'étiolant, victime du manque de soins et de la misère, élevé dans la haine de son père et de la société qui l'abandonnent, destiné, par suite, à grossir l'armée du vice et du désordre, devenant enfin un péril social : telles sont les déplorables conséquences de l'interdiction de la recherche de la paternité.

L'intérêt de l'enfant et celui de la société sont intimement liés en cette matière. Tous deux, ils exigent que l'enfant ne soit pas abandonné. La femme, en effet, est incapable d'élever son enfant avec ses modestes ressources et, si elle n'a pas osé aller jusqu'au crime, elle abandonne cet enfant qui constitue pour elle une trop lourde charge. Qui donc va le recueillir ? l'élever ? pourvoir à ses besoins ? C'est la société ; celle-ci a donc le plus grand intérêt à ce que les parents prennent soin de leurs enfants et ne les abandonnent pas.

D'ailleurs, l'interdiction de la recherche de la paternité est contraire aux principes de notre législation.

L'article 1382 du Code civil porte que chacun est responsable de ses actes. Or, il est certain que, dans le fait de la procréation, nous l'avons vu plus haut, l'homme assume, en général, la plus grande part de responsabilité. Comment donc admettre qu'il puisse échapper complètement à cette responsabilité ? Pourquoi la femme supporterait-elle seule tout le poids de la faute commune ? Pourquoi, enfin, l'enfant lui-même serait-il la victime d'une faute qui n'est pas la sienne ? Cela serait souverainement injuste.

Aussi, la jurisprudence réagit contre la rigueur excessive de l'article 340. Comme l'a dit M. Marcadé : « elle admet les choses en écartant les mots ». Elle accorde des dommages-intérêts à la femme abandonnée. Mais, dans la décision, il n'est pas question de paternité, ni de grossesse ; l'article 340 s'y oppose. L'on se base uniquement sur l'article 1382. C'est, évidemment, tourner la loi, et, cependant, les tribunaux le font journellement.

De leur côté, les jurés refusent de condamner la femme coupable d'avortement, d'infanticide ou de tentative de meurtre sur la personne de son ancien amant, parce qu'ils s'étonnent, à juste titre, de voir comparaître en liberté, et comme simple témoin, celui qu'ils considèrent, à bon droit, comme le principal coupable : l'homme.

Ces constatations ont une haute portée. Elles prouvent que le principe posé par l'article 340 est condamné par ceux-là même qui ont mission de l'appliquer et de faire respecter la loi. Quand les juges se refusent à appliquer une loi, c'est que cette loi est mauvaise, contraire aux principes généraux du droit aux besoins de la société. Elle doit être modifiée.

Nous avons vu qu'à l'encontre de ces arguments, les partisans du maintien de la prohibition formulée dans l'article 340 ont présenté trois objections : 1° intérêt de l'amélioration des mœurs ; 2° crainte du scandale et du chantage ; 3° impossibilité de la preuve.

Examinons donc comment ceux qui demandent que la recherche de la paternité soit autorisée répondent à ces objections.

I. — *Intérêt de l'amélioration des mœurs.*

Le législateur, dit-on, a pensé qu'en interdisant les poursuites en recherche de la paternité, il imposait, par là même, plus de retenue à la femme. Celle-ci, sachant qu'elle n'a aucun recours contre son séducteur, qu'elle devra supporter seule les conséquences de sa faute, opposera une résistance plus vive, se laissera moins facilement entraîner, et, si elle succombe, ce ne sera pas sans avoir pu peser d'avance toute la responsabilité qu'elle encourt. La morale ne peut donc que gagner à l'interdiction.

Hélas ! les résultats sont loin d'avoir réalisé ce vœu des rédacteurs du Code. La dépravation fait des progrès inquiétants, et les partisans du maintien de l'article 340 sont obligés de le reconnaître. Mais, pour eux, la prohibition n'est pas la cause principale de cette démoralisation progressive. A leur avis, la cause en est dans le régime économique nouveau. Ils font remarquer que, d'ailleurs, la dépravation est aussi grande dans les pays qui admettent la recherche de la paternité.

Il faut reconnaître, cependant, que la disposition de l'article 340 est un facteur important du dérèglement des mœurs. C'est ce qu'expose nettement le père Toulement (1) : « La loi actuelle, écrit-il, semble agir d'une certaine manière sur le sexe féminin pour le détourner de la tentation de se laisser séduire. Mais, en réalité, elle ne fait que l'exposer davantage à ce péril, parce qu'en assurant l'impunité à l'autre sexe, elle l'invite, en quelque sorte, et le provoque à séduire. C'est-à-dire qu'en présence de deux forces qui concourent très inégalement à la séduction, la loi, au lieu de comprimer la plus puissante et la plus fougueuse, lui vient en aide et lui communique une impulsion nouvelle. »

Il faut remarquer aussi que la femme qui se livre à son séducteur ne calcule pas, ne peut pas calculer à ce moment, toutes les conséquences de sa faute. Grisée par les paroles d'amour, les promesses, les serments même du séducteur, elle cède à un entraînement des sens qui exclut la réflexion. C'est une illusion de croire qu'à ce moment, la femme pensera à l'abandon qui l'attend, et se souviendra que, si elle devient mère, la loi lui interdit tout recours contre son amant.

Donc, en réalité, l'argument tiré du désir d'améliorer les mœurs peut être invoqué, à la fois et avec autant de raison, par les défenseurs et par les détracteurs de l'article 340. Les premiers reconnaissent que leur espoir a été déçu ; les seconds pensent que la morale ne pourra que gagner à l'abrogation de ce texte.

____

(1) *Etudes religieuses*, année 1874, p. 256, rapporté dans l'exposé des motifs de la proposition de loi de M. Bérenger.

II. — *Crainte du scandale.*

Cette objection est très sérieuse.

Il est peu de matières, en effet, où la calomnie et le chantage puissent se donner plus librement carrière. Il est certain que des intrigantes éhontées pourront chercher à donner un père à l'enfant qu'elles auront eu hors mariage, tout en trouvant un banquier pour elles-mêmes ; elles pourront être tentées d'exploiter des familiarités innocentes, la naïveté du plus riche ou du plus noble de leurs amants de passage pour lui imposer une paternité équivoque. Habiles à simuler l'attachement et la fidélité, prenant celui qu'elles auront choisi par ses faibles, usant des stratagèmes les plus adroits, des mille ruses dont l'esprit féminin est si fertile, elles pourront jeter le trouble dans les familles les plus honnêtes, ainsi que cela avait lieu dans l'ancien droit.

Ces inconvénients sont graves, sans aucun doute, et cependant, il est nombre de cas dans lesquels l'interdiction absolue de la recherche de la paternité est profondément immorale. Ces cas sont les plus fréquents, et ils exigent la modification de notre législation sur ce point. Mais, en raison même des dangers que nous venons de signaler, la modification ne devra être faite qu'avec une grande prudence : la recherche de la paternité devra être entourée de sérieuses garanties pour prévenir et combattre les abus. Grâce à ces garanties, les personnes honnêtes seront à l'abri du chantage et de la calomnie, les intrigantes ne pourront pas faire triompher leur droit prétendu.

Il est de principe, d'ailleurs, qu'une action ne saurait être formellement interdite par cette seule raison que, dans certains cas, elle pourrait présenter des inconvénients.

M. Marie, ancien membre du gouvernement de 1848, a nettement exprimé cette idée dans le passage suivant : « A chacun « la responsabilité de ses actes : voilà une maxime devant la- « quelle un bon législateur ne doit jamais reculer. Absoudre « un coupable sous prétexte qu'il y aurait quelque inconvénient « ou même quelque danger à rechercher son délit ou son crime, « c'est de la lâcheté, ce n'est pas de la justice ; et, si un intérêt

« quelconque doit en souffrir, ce n'est pas seulement de la lâ-
« cheté, c'est un crime social. Or, ce principe absolu : « la re-
« cherche de la paternité est interdite », me paraît être classé
« dans cette catégorie (1). »

Les scandales que l'on redoute de la part des courtisanes
peuvent être facilement évités. Que l'homme soit plus réservé,
qu'il se respecte davantage, et il n'aura plus rien à craindre.
S'il lui arrive de céder, par hasard, à leurs sollicitations, qu'il
se rassure ; les sévérités pénales inscrites dans la loi le mettront
à l'abri des réclamations injustifiées, basées uniquement sur
des relations accidentelles et passagères.

Remarquons aussi que les scandales qui se sont produits sous
l'empire de la maxime : « *Virgini creditur..* » étaient dus bien
plutôt au mode sommaire de preuve qu'au principe même de
l'action : il suffisait, en effet, pour que la paternité fût déclarée,
que la femme vierge, récemment déflorée, dénonçât sous serment le père au milieu des douleurs de l'enfantement, et que
la courtisane justifiât, en outre, d'un commerce même passa
ger. Aujourd'hui, nous ne sommes plus enfermés dans un for-
malisme aussi strict, et de tels scandales ne sont plus à craindre.
Des privautés, même judiciairement établies, ne suffiraient pas
pour entraîner une déclaration de paternité, et l'homme hono-
rable ne se trouverait plus, comme autrefois, en butte aux réclamations des courtisanes.

La législation actuelle contient diverses dispositions qui sont
de nature à donner ouverture à des actions à l'occasion desquelles le scandale s'étale au grand jour. Tous les jours, en
effet, nous assistons à des procès qui jettent le trouble dans
les familles, et qui sont, souvent, une occasion de chantage.

Voici ce que disait, à ce propos, M. l'avocat général Fochier,
dans son discours de rentrée, en 1880 :

« Le scandale, c'est l'objection ! Elle ferait supposer, Mes-
sieurs, que vous n'avez jamais à subir, au grand jour de la
publicité de vos audiences, des enquêtes aussi scabreuses, des

(1) Rapport par M. Germain Casse. Rapport sur la proposition de la loi de
M. Rivet. Annexe au procès-verbal de la séance du 24 janvier 1884. Chambre
des députés, no 2574.

révélations aussi indiscrètes, des démonstrations aussi péril-
leuses que peuvent l'être les plus délicates des recherches de
la paternité. Ne condamnez-vous pas les femmes adultères et
leurs complices, les proxénètes, les libertins qui souillent
l'enfance ? Ne découvrez-vous pas les plaies les plus secrètes
et les plus douloureuses quand vous statuez sur les procès en
séparation de corps, en désaveu de paternité, ou encore sur
la demande d'un enfant qui réclame sa mère ! Ne jugez-vous
pas les procès de séduction? Dans toutes ces causes, civiles
ou criminelles, calomnie et chantage trouvent un aliment ;
chantage et calomnie peuvent être et seront punis, s'il le faut,
avec un redoublement de sévérité. Le vrai scandale, celui contre
lequel s'insurge la conscience publique aujourd'hui, c'est celui
de ces abandons, de ces misères imméritées, de la sûreté garantie au coupable (1). »

Les procès qui trouvent leur source dans la disposition de
l'article 339 qui autorise tous ceux qui y ont intérêt à contester
la reconnaissance de l'enfant naturel, donnent lieu, eux aussi,
à des débats particulièrement choquants, remplis de détails
scabreux. Et, cependant, notre législation les autorise, sans
crainte du scandale qui peut en résulter.

Et d'ailleurs, le scandale n'existe-t-il pas déjà à l'heure actuelle? Ne résulte-t-il pas de la jurisprudence des tribunaux qui
admettent les demandes en dommages-intérêts basées sur la séduction. Le principe de l'action est le même, les preuves à
fournir sont les mêmes, et le scandale ne sera pas plus grand
lorsque l'on aura autorisé la recherche de la paternité.

Nous sommes donc amenés à conclure que s'il est nécessaire
que la législation se montre très circonspecte, très prudente, afin
de prévenir les abus, la crainte du scandale ne constitue pas un
obstacle insurmontable à l'encontre de l'admission de la recherche de la paternité.

III. — *Impossibilité de la preuve.*

La nature a entouré le fait de la génération d'un mystère

(1) Rapporté par M. Julien Goujon dans son rapport susvisé.

impénétrable qui échappe à toutes les investigations de la science. Aucune preuve ne peut éclairer ce mystère, et, dès lors la recherche de la paternité est impossible.

Il est de toute évidence que la preuve directe, matérielle, de la paternité ne pourra pas être administrée.

Mais, à côté des preuves directes, se placent les preuves morales qui suffisent très souvent à éclairer le magistrat à déterminer sa conviction et à lui fournir des raisons de décider.

La recherche de la paternité ne pourrait-elle pas être fondée sur des preuves morales ?

A cette question, on peut répondre affirmativement. Le législateur lui-même l'a admis en consacrant l'ancienne maxime : *is pater est quem nuptiæ demonstrant.* La légitimité de l'enfant est présumée à raison d'une preuve morale : le mariage ; la cohabitation qui en est la conséquence naturelle, normale ; la fidélité que la femme mariée est présumée avoir gardée à son mari.

En matière de filiation illégitime, il faudra, sans aucun doute se montrer plus exigent, et il est certain qu'il ne peut pas y avoir, comme au cas de filiation légitime, de signe légal de présomption légale de paternité. Il serait également excessif de considérer comme suffisante la preuve résultant des présomptions de l'homme : celles-ci laissent trop de latitude à la libre appréciation du juge.

Mais, la paternité peut s'établir, en dehors de toute investigation relative au phénomène de la procréation, par la démonstration que tel homme a eu des relations avec telle femme, et que celle-ci lui est restée fidèle pendant la durée de ces relations, et, notamment, à l'époque de la conception.

La preuve du premier terme de cette proposition est facile à administrer. Moins facile et beaucoup plus délicate est la preuve de second terme. Cependant, le législateur n'a pas cru que cette preuve fût impossible, puisqu'il a autorisé la reconnaissance volontaire, qui, si la preuve était impossible, devrait être prohibée au même titre que la reconnaissance forcée.

D'autre part, les lettres échangées entre la mère et le père, et dans lesquelles celui-ci avoue, reconnaît sa paternité ; la possession d'état de l'enfant, dans certains cas, sont déjà des preuves importantes de nature à entraîner la conviction du juge.

Enfin, dans la plupart des cas, il sera assez aisé d'établir, d'une part, la cohabitation, d'autre part, la fidélité de la femme.

La loi elle-même contient une exception à la règle de l'interdiction de la recherche de la paternité : c'est au cas d'enlèvement. Cette exception pourrait être étendue à beaucoup d'autres cas qui présentent beaucoup d'analogie avec l'enlèvement ; tels sont : le viol, la séduction accompagnée de manœuvres dolosives ou d'abus d'autorité. Et ce sont les cas les plus fréquents. On a toute raison de présumer, en effet, que l'auteur du viol ou de la séduction caractérisée est, au même titre que le ravisseur, le père de l'enfant.

La jurisprudence elle-même démontre que les tribunaux ne considèrent pas la preuve comme impossible à administrer. Lorsqu'en effet, ils accordent des dommages-intérêts, en vertu de l'article 1382, à la femme séduite, c'est évidemment qu'ils ont acquis la conviction que l'auteur de la grossesse était bien celui qu'ils condamnent, c'est, en d'autres termes, que la cohabitation à l'époque de la conception, et la fidélité de la femme, à cette même époque, ont été suffisamment établies devant eux.

Tels sont les arguments invoqués par les défenseurs et les détracteurs de l'article 340.

Entre ces deux opinions extrêmes, une troisième doctrine s'est fait jour. Elle a été formulée dans la proposition de loi déposée par M. Bérenger au Sénat, le 16 février 1878, et dans le rapport déposé à la Chambre des députés le 17 juin 1897 par M. Julien Goujon au nom de la commission chargée d'examiner les propositions de loi, de M. Rivet et de M. Groussier.

Cette doctrine consiste à maintenir l'interdiction de la recherche de la paternité, en principe ; mais, elle étend l'exception consacrée par l'article 340 pour le cas d'enlèvement aux divers autres cas analogues : le viol, le rapt, la séduction caractérisée par des manœuvres dolosives, l'abus d'autorité ou les promesses de mariage.

Nous ne pensons pas que cette doctrine qui ne consacre, en

réalité, que des dispositions exceptionnelles, et ne constitue, par là même, qu'une réglementation transitoire, puisse être adoptée. Nous estimons qu'il faut choisir résolument entre les deux opinions extrêmes, et nous n'hésitons pas à nous prononcer en faveur de celle qui demande que la recherche de la paternité soit autorisée. Les raisons sur lesquelles cette opinion se fonde nous semblent, en effet, péremptoires, et nous allons les résumer en quelques mots.

La disposition de l'article 340 est contraire aux principes de morale et de droit naturel que nous avons exposés au début de cette étude. Elle est, également, contraire à ce principe fondamental de nos lois, à savoir que chacun doit être responsable de ses actes. Elle consacre une criante injustice en condamnant la femme à supporter, seule et avec ses propres ressources, les conséquences d'une faute que l'homme a commise avec elle, dont, souvent, il a été l'instigateur. Il est également injuste que l'enfant subisse le contre-coup de cette faute qui n'est pas la sienne. — Enfin, quoi qu'on en ait pu dire, la prohibition formulée dans l'article 340 est un facteur important de notre démoralisation progressive. — Les arguments tirés de la crainte du scandale et de la difficulté de la preuve ne sont pas décisifs, nous l'avons vu ; nous avons même démontré que le scandale ne serait pas plus grand après l'admission de la recherche de la paternité qu'avant. Nous avons aussi démontré qu'en cette matière, et en l'absence de preuves directes, il était assez aisé d'administrer des preuves morales de nature à entraîner la conviction du juge.

Nous nous rallions donc complètement aux partisans de l'abrogation de l'article 340 du Code civil.

Mais, nous ne nous dissimulons pas que cette solution se heurte à une question très délicate. La paternité une fois judiciairement déclarée, quels seront les effets de cette déclaration ? L'enfant entrera-t-il dans la famille du père déclaré ? Prendra-t-il son nom ? Quels seront ses droits dans la succession de son père ? En d'autres termes, les effets de la reconnaissance forcée seront-ils les mêmes que ceux de la reconnaissance volontaire ? Ou bien, au contraire, les effets de la reconnaissance forcée ne doivent-ils pas être limités, par exemple, à une créance alimentaire ?

A ce point de vue, l'examen des législations étrangères pourra nous fournir de précieuses indications et éclairer notre décision.

Nous allons donc y procéder aussi rapidement que possible.

L'étude des diverses législations étrangères qui admettent la recherche de la paternité permet de les classer dans deux catégories.

Les unes accordent à la déclaration de paternité, résultant d'une décision de justice les mêmes effets qu'à la reconnaissance volontaire. L'enfant acquiert dans la famille et la succession du père déclaré les mêmes droits qu'un enfant naturel reconnu volontairement. Mais, les cas dans lesquels la recherche de la paternité est admise sont rigoureusement limités et définis par la loi. Telles sont les législations de l'Espagne et du Portugal.

Les autres, et ce sont les plus nombreuses, autorisent la recherche de la paternité dans tous les cas ; mais, les effets de la déclaration de paternité sont limités à une créance alimentaire. Telles sont les législations de l'Allemagne (nouveau code), de l'Angleterre, des provinces baltiques de la Russie, de la Suisse allemande, des cantons de Zurich et des Grisons, de Bas-Canada, de l'Illinois (États-Unis).

La législation italienne participe aux deux systèmes. Elle dispose que la recherche de la paternité est interdite, sauf dans les cas d'enlèvement et de viol, quand l'époque de ces faits correspond à la conception. Le jugement qui déclare la filiation naturelle produit alors les effets de la reconnaissance. Dans les cas où la reconnaissance est interdite, l'enfant n'est jamais admis à la recherche de la paternité ou de la maternité, mais il a, sous certaines conditions déterminées par la loi, action pour obtenir des aliments.

Nous avons soutenu, plus haut, que l'action en recherche de paternité devrait être ouverte dans tous les cas. Nous ne saurions donc suivre la doctrine des législations qui composent la première catégorie, et d'après laquelle l'action n'est ouverte que dans certains cas limitativement énumérés par la loi.

Mais, faut-il admettre avec les législations qui composent le second groupe que les effets de la reconnaissance judiciaire doivent être réduits à une créance alimentaire ? Ne doit-on pas mettre, au contraire, l'enfant reconnu judiciairement sur le même pied que l'enfant reconnu volontairement, notamment, au point de vue des droits de famille et des droits de succession ?

Nous ne croyons pas que l'on puisse aller aussi loin. C'est qu'en effet, on ne saurait assimiler une décision judiciaire, rendue, sans doute, en toute intégrité par les magistrats civils, mais reposant, en somme, sur des preuves très délicates, à l'aveu éclairé, réfléchi qui constitue la reconnaissance volontaire. Autre chose est de se reconnaître volontairement le père d'un enfant, autre chose de se voir imposer une paternité que l'on repousse et que l'on dénie. Malgré la décision intervenue, et en dépit de tout le respect qui lui est dû, il n'en subsiste pas moins un doute sur la réalité de paternité attribuée au défendeur à l'action en recherche. Des actes irréfléchis, des écrits innocents ont pu être habilement interprétés et mis en valeur par un intrigant, désireux d'en tirer parti ; la bonne foi du juge a pu être surprise. Il suffit que ce doute existe pour que l'on doive refuser à l'enfant reconnu judiciairement l'entrée dans la famille du père déclaré, et le droit de prendre une part dans sa succession.

Dans notre opinion, les effets de la reconnaissance forcée doivent être limités à une créance alimentaire, comprenant les frais d'entretien et ceux d'une éducation appropriée à l'intelligence de l'enfant et à la situation qu'il devra vraisemblablement occuper.

A ce point de vue le nouveau code allemand nous paraît avoir fait une juste appréciation des charges qui peuvent être imposées au père déclaré.

Les dispositions du nouveau code allemand portent, en effet, que le père déclaré est tenu de fournir à l'enfant jusqu'à sa seizième année, l'entretien conforme à la situation sociale de la mère dont il porte le nom et vis-à-vis de laquelle il est réputé enfant légitime. Cet entretien s'étend à tous les besoins de la vie, et aux frais d'éducation et de préparation à une profession. Si l'enfant est, par suite d'infirmités corporelles ou mentales, hors d'état de s'entretenir lui-même, le père doit y pourvoir même au delà de la seizième année. L'entretien est fourni au moyen d'une rente en argent, payable trimestriellement et d'avance. Le droit à l'entretien ne s'éteint pas par le décès du père. Enfin, celui-ci doit payer à la mère les frais d'accouchement et les frais d'entretien pendant les six premières semaines après l'accouchement (1).

Ces dispositions nous semblent très sages et nous paraissent pouvoir être adoptées.

En résumé, nous estimons que la recherche de la paternité doit être, en principe, autorisée dans tous les cas, et que les effets de la déclaration de paternité doivent être limités à une créance d'aliments et d'entretien.

EXPOSÉ DES LÉGISLATIONS ÉTRANGÈRES.

Espagne.

Collection de Codes étrangers. — Code civil espagnol du 24 juillet 1889, traduction par M. Levé.

ART. 135. — Le père sera tenu de reconnaître son enfant naturel dans les cas suivants :

1o Quand il existe un écrit émané certainement de lui et reconnaissant expressément sa paternité ;

2° Quand l'enfant se trouve en possession continue d'état d'enfant naturel du père qu'il réclame, et qu'il la justifie par des actes émanés de ce père ou de sa famille.

Dans les cas de viol, d'attentat et de rapt, on se conformera aux dispositions du Code pénal pour la reconnaissance de l'enfant.

Portugal.

Collection des principaux Codes étrangers publiée par le Comité de de législation étrangère. — Code civil portugais du 1er juillet 1867, traduction Laneyrie et Dubois.

ART. 129. — L'enfant reconnu volontairement ou par décision de justice acquiert le droit :

(1) Voir articles 1705 à 1720 du nouveau code allemand.

1° De porter les noms de ses père et mère ;

2° De leur réclamer des aliments ;

3° De leur succéder, ou de prendre une part de leur succession, conformément aux dispositions des articles 1989 à 1992.

Art. 130. — La recherche par voie d'action en justice de la paternité illégitime est interdite, excepté dans les cas suivants :

1° S'il existe un écrit dans lequel le père reconnaisse expressément sa paternité ;

2° Si l'enfant a la possession d'état conformément à l'article 115 ;

3° Dans le cas de viol ou de rapt, si l'époque de la naissance, déterminée suivant l'article 101, coïncide avec celle du fait délictueux.

Art. 132. — L'action tendant à la recherche de la paternité ou de la maternité n'est cependant pas recevable dans les cas où la reconnaissance est interdite.

Art. 133. — La recherche, par voie d'action en justice, de la paternité ou de la maternité, ne peut avoir lieu que durant la vie des prétendus parents, excepté dans les cas suivants :

1° Si les père et mère sont décédés pendant la minorité de l'enfant, auquel cas celui-ci peut former sa demande même après leur décès, pourvu qu'il l'intente avant l'expiration de quatre années à compter de son émancipation ou de sa majorité ;

2° Si l'enfant vient à découvrir un titre écrit et signé de ses père et mère dans lequel ceux-ci révèlent leur paternité ; dans ce cas, il peut former sa demande à quelqu'époque qu'il ait obtenu ce titre, le tout sans préjudice des règles générales concernant la prescription des biens.

Italie.

Le Code civil italien, traduction Huc.

Art. 189. — La recherche de la paternité est interdite, sauf dans les cas d'enlèvement ou de viol, quand la date de ces faits correspond à celle de la conception.

Art. 192. — Le jugement qui déclare la filiation naturelle produit les effets de la reconnaissance.

Art. 193. — Dans les cas où la reconnaissance est interdite, l'enfant n'est jamais admis à la recherche ni de la paternité ni de la maternité.

Toutefois, l'enfant naturel aura toujours action pour obtenir des aliments.

1° Si la paternité ou la maternité résulte indirectement d'un jugement civil ou criminel ;

2° Si la paternité ou la maternité résulte d'un mariage déclaré nul ;

3° Si la paternité ou la maternité résulte d'une déclaration expresse contenue dans un écrit émané du père ou de la mère.

Allemagne.

Code civil de l'Empire d'Allemagne, traduction Gruber.

Art. 1705. — L'enfant illégitime, dans les rapports avec sa mère et avec les parents de sa mère, a la situation juridique d'un enfant légitime.

Art. 1706. — L'enfant illégitime reçoit le nom de famille de la mère.

Art. 1708. — Le père de l'enfant illégitime est tenu de fournir, jusqu'à l'accomplissement de la seizième année, à l'enfant, l'entretien conforme à la position sociale de la mère. Cet entretien comprend tous les besoins de la vie, ainsi que les frais de l'éducation et de la préparation à une profession.

Lorsque l'enfant se trouve, par suite d'infirmité corporelle ou mentale, hors d'état de s'entretenir lui-même, le père doit lui fournir l'entretien même au delà de sa seizième année.

Art. 1710. — L'entretien doit être fourni par le paiement d'une rente en argent. La rente doit être payée à l'avance pour trois mois.

Art. 1712. — Le droit à l'entretien ne s'éteint pas par le décès du père ; il appartient à l'enfant, même si le père est décédé avant sa naissance.

Art. 1715. — Le père doit payer à la mère les frais d'accouchement, ainsi que les frais d'entretien pendant les six premières semaines après l'accouchement.

Le droit se prescrit par quatre ans.

Art. 1716. — Il peut être ordonné, sur la demande de la mère, dès avant la naissance de l'enfant, par mesure provisoire, que le père devra payer aussitôt après la naissance, à la mère ou au tuteur, l'entretien qui doit être fourni à l'enfant pendant les trois premiers mois, et consigner, en temps convenable, avant la naissance, la somme nécessaire.

Art. 1717. — Est réputé père de l'enfant illégitime dans le sens des articles 1708 à 1716, celui qui a cohabité avec la mère pendant l'époque de la conception, à moins qu'un autre n'ait aussi, pendant cette époque, cohabité avec elle. Cependant, la cohabitation ne doit pas être prise en considération, si, d'après les circonstances, il est manifestement impossible que la mère ait conçu l'enfant de cette cohabitation.

Art. 1718. — Celui qui, après la naissance de l'enfant, reconnaît sa paternité dans un acte public, ne peut invoquer le fait qu'un autre a cohabité avec la mère pendant cette période.

Art. 1719. — Un enfant illégitime acquiert, par le fait que le père se marie avec la mère, par la conclusion du mariage, la situation juridique d'un enfant légitime.

Art. 1720. — Le mari de la mère est réputé père de l'enfant s'il a cohabité avec elle pendant l'époque écoulée entre le 181e et le 302e jour avant la naissance, à moins que, d'après les circonstances, il ne soit manifestement impossible que la mère ait conçu l'enfant de cette cohabitation.

Si le mari reconnaît sa paternité, après la naissance de l'enfant, dans un acte public, il est présumé qu'il a cohabité avec la mère pendant l'époque de la conception.

Grande-Bretagne.

Renseignements puisés dans les « Eléments de droit civil anglais », par Ernest Lehr.

La constatation volontaire ou forcée, soit de la maternité, soit de la paternité, n'élève jamais l'enfant naturel au rang de fils de ceux auxquels il doit la vie ; elle ne lui donne contre eux qu'une créance alimentaire.

La mère de l'enfant naturel est tenue de pourvoir à l'entretien et à la subsistance de son enfant.

Si la mère, célibataire ou veuve, n'a pas les ressources nécessaires pour pourvoir à l'entretien ou à la subsistance de son enfant, elle peut s'adresser à la justice de paix pour faire déclarer père de l'enfant l'homme qu'elle affirme être l'auteur de sa grossesse. L'action n'est recevable que si elle est intentée pendant la grossesse ou dans les douze mois depuis l'accouchement, à moins que, pendant ce délai, le père n'ait déjà contribué bénévolement à l'entretien de l'enfant. La femme n'est pas crue sur sa seule affirmation, même corroborée par un serment ; il faut que son témoignage soit appuyé par d'autres ou par un commencement de preuve par écrit. Le prétendu père peut le combattre par tous les moyens de preuve admis au civil, et, notamment, en rapportant la justification que, pendant la période correspondant à la conception, la femme a eu des relations intimes avec d'autres hommes. Si le juge estime que la paternité est établie, il condamne le défendeur à contribuer à l'entretien de l'enfant jusqu'à l'âge de treize ans, ou, s'il y a lieu, de seize ans, par une allocation hebdomadaire de cinq schillings, quelles que soient sa position sociale et sa fortune (325 fr. par an). C'est un tarif fixe (Statutes 7 et 8, Victoria, chapter 101, § 3).

Il peut arriver que la mère, bien que besoigneuse, néglige par insouciance, par dignité, par haine de l'homme qui l'a abusée, ou pour toute autre raison, de réclamer, dans l'intérêt de son enfant, le bénéfice de la loi. Alors, en vertu du « Poor Law », l'enfant est adopté par la paroisse, et celle-ci peut contraindre la mère à entamer les poursuites qu'elle n'a pas faites de son chef.

Russie.

Renseignements puisés dans les « Eléments de droit civil russe »,
par ERNEST LEHR.

Le « *Svod* » ne s'explique pas sur la question de la recherche de la paternité. Il semble résulter de la loi que l'enfant naturel n'a ni père ni mère, car elle ajoute que, fût-il même élevé par ceux qui se prétendent tels, il n'a aucun droit ni à leurs biens ni au nom de famille du père.

Le Code des provinces baltiques admet la reconnaissance, soit volontaire, soit forcée par suite d'un jugement constatant que le prétendu père a cohabité avec la mère dans le délai compris entre le dixième mois et le cent quatre-vingt-deuxième jour avant la naissance de l'enfant. La présomption de paternité attachée à ce fait peut être combattue par la preuve ou par l'aveu de la mère qu'elle a cohabité avec d'autres hommes pendant le même délai.

Les enfants naturels, même reconnus, n'ont aucun droit au nom de leur père et ne suivent pas sa condition. Le père et la mère sont tenus de concourir tous deux à l'éducation et à l'entretien de l'enfant. La dette alimentaire subsiste, en particulier, pour le père tant que l'enfant a besoin d'assistance, et elle continue à peser, s'il y a lieu, sur sa succession ; à défaut du père, la dette pèse sur la mère et ses ascendants.

Suisse.

Dans les codes de la Suisse allemande, la recherche de la paternité fait l'objet de longues et minutieuses dispositions. Elle est admise partout, et le législateur s'est seulement préoccupé d'en atténuer les inévitables dangers.

La seule différence à signaler entre les cantons est la suivante. Dans les uns, l'action de la mère aboutit à une déclaration de paternité (Zurich, Soleure, Schaffouse, Turgovie, Glaris, Grisons...), tandis que, dans les autres, elle ne tend qu'à des dommages-intérêts ou à une pension (Argovie, Berne, Lucerne...). Comme correctif, ces législations posent en principe que, si l'individu déclaré père a des devoirs vis-à-vis de l'enfant jusqu'à la majorité de celui-ci, il ne se [forme aucun lien entre eux au point de vue héréditaire. Par rapport à sa mère et à la famille maternelle, l'enfant naturel est assimilé à un enfant légitime. Par rapport au père et à la famille paternelle, il demeure un étranger.

Canton de Zurich.

Code civil de 1887, traduction Ernest Lehr.

Art. 697. — La femme devenue enceinte hors mariage a le droit d'intenter contre l'auteur de sa grossesse une action en constatation de paternité.

Art. 698. — En règle générale, l'action en constatation de paternité ne peut être intentée devant le juge de paix que durant la grossesse de la mère.

Exceptionnellement toutefois, lorsque la femme et l'auteur de sa grossesse étaient fiancés, ou qu'il existe une reconnaissance de paternité expresse et écrite de la part du père, l'action peut encore être intentée dans les six semaines à partir de la naissance de l'enfant.

Art. 701. — La demande en constatation de paternité doit être repoussée :

1° Lorsque le défendeur n'avait pas encore seize ans révolus à l'époque où la femme prétend avoir été rendue grosse de son fait ;

2° Lorsqu'à la dite époque, il était marié et que la femme en avait manifestement connaissance ;

3° Lorsqu'à la même époque, la demanderesse était mariée ;

4° Lorsqu'antérieurement, elle avait déjà désigné devant la justice de paix ou devant le tribunal une autre personne comme l'auteur de sa grossesse, à moins qu'elle n'y ait été amenée par les menaces ou le dol du véritable auteur ;

5° Lorsque, dans les deux dernières années, elle a fait le métier de fille publique ou s'est livrée à des hommes à prix d'argent ;

6° Lorsque, dans la même période, elle a séjourné pendant un temps prolongé dans un lieu de débauche ou l'a fréquenté d'une manière suspecte ;

7° Lorsqu'à raison de la vie licencieuse qu'elle mène — par exemple, parce qu'elle a déjà donné le jour à plusieurs enfants naturels — ou bien, à raison d'une condamnation pour adultère, ou par le fait qu'elle a entraîné elle-même le défendeur à la débauche, la demanderesse paraît indigne du droit de recourir aux tribunaux.

Art. 704. — Si l'action est reconnue fondée, le père est tenu de payer à la mère les frais de délivrance, de couches et de bap-tême.

Art. 705. — De plus, et abstraction faite du cas où l'enfant lui est attribué comme enfant de fiancés, le défendeur dont le juge a constaté la paternité a le devoir de fournir à la mère, pour concourir aux frais d'entretien et d'éducation de l'enfant, et jusqu'à ce que celui-ci ait douze ans révolus, une somme annuelle dont le tribunal fixe souverainement le chiffre d'après les circonstances, cette somme ne doit pas être inférieure à la moitié de ce que coûte l'entretien de l'enfant .

Art. 706. — Lorsque l'enfant a douze ans révolus, le père est tenu de prendre à sa charge exclusive tous les frais d'entretien, d'éducation et d'instruction professionnelle.

Canton des Grisons.

Collection de codes étrangers. — Code civil du Canton des Grisons, traduction Raoul de la Grasserie.

Art. 70. — Pendant leur minorité, les enfants naturels peuvent demander à leur père de contribuer à leurs dépenses d'entretien et d'éducation pour [une somme à fixer en proportion des biens du père et de la mère... L'obligation relative aux dépenses d'entretien et d'éducation de l'enfant naturel se transmet du père à ses héritiers.

Art. 71. — La mère, soit en son propre nom, soit au nom de son enfant naturel, de même que le tuteur et le curateur de celle-ci, s'il en existe, et le tuteur de l'enfant ont une action contre le père qui n'a pas reconnu sa paternité à l'effet d'en obtenir la reconnaissance et l'accomplissement des obligations qui en dérivent aux termes de l'article 70.

L'action en reconnaissance de paternité se prescrit par un laps de six semaines depuis la naissance de l'enfant.

Art. 73. — La paternité du défendeur est prouvée lorsque la demanderesse a fourni la preuve qu'il a eu avec elle des relations sexuelles pendant la période écoulée du 300e jour au 200e avant l'accouchement, à moins que le défendeur ne prouve de son côté : 1º qu'il est impuissant ; 2º ou que l'état physique de l'enfant ne répond pas à l'époque à laquelle la demanderesse fixe le moment de la conception ; 3º que la demanderesse a eu des relations sexuelles aussi avec d'autres personnes pendant le temps indiqué ; 4º qu'elle a été femme publique ou qu'elle est prostituée à d'autres habituellement.

ART. 74. — Si la demanderesse ni le défendeur ne peuvent faire la preuve qui leur incombe, la demanderesse pourra être admise au serment supplétoire.

Bas-Canada.

Code civil du Bas-Canada, édition LEFEBVRE DE BELLEFEUILLE.

ART. 240. — La reconnaissance volontaire ou forcée par le père ou la mère de leur enfant naturel donne à ce dernier le droit de réclamer des aliments contre chacun d'eux, suivant les circonstances.

ART. 241. — La recherche judiciaire de la paternité et de la maternité est permise à l'enfant naturel, et la preuve s'en fait tant par écrits que par témoins sous les circonstances et restrictions portées aux articles 232, 233 et 234 relatifs à la preuve de la filiation des enfants légitimes.

ART. 232. — A défaut de titre et de possession constante, ou si l'enfant a été inscrit soit sous de faux noms, soit comme né de père et mère inconnus, la preuve de la filiation peut se faire par témoins.

Cependant cette preuve ne peut être admise que lorsqu'il y a commencement de preuve par écrit ou lorsque les présomptions ou indices résultant de faits dès lors constants sont assez graves pour en déterminer l'admission.

ART. 233. — Le commencement de preuve par écrit résulte des titres de famille, des registres et papiers domestiques du père et de la mère, des actes publics et même privés, émanés d'une partie engagée dans la contestation et qui y aurait intérêt si elle était vivante.

ART. 234. — La preuve contraire peut se faire par tous les moyens propres à établir que le réclamant n'est pas l'enfant de la mère qu'il prétend avoir, ou même, la maternité prouvée, qu'il n'est pas l'enfant du mari de la mère.

Etats-Unis d'Amérique. Illinois.

Acte du 3 avril 1872 concernant les enfants naturels,
traduction ALEXANDRE RIBOT. — (*Annuaire de législation étrangère,* 1873.)

ART. 1er. — Lorsqu'une femme enceinte ou récemment accouchée d'un enfant naturel aura porté plainte sous serment, devant un juge de paix soit du Comté où elle réside, soit du Comté où l'individu qu'elle prétend être le père de l'enfant pourra être trouvé, le devoir du juge sera de décerner un man·dat d'amener contre l'individu dénoncé.

ART. 3. — En cas de comparution de l'individu dénoncé, le juge devra interroger la plaignante sous serment ou sous affirmation solennelle en présence de celui qu'elle prétend être le père de l'enfant. L'inculpé pourra répondre aux allégations dirigées contre lui ; des témoins pourront être entendus comme en matière ordinaire.

ART. 8. — En cas de verdict affirmatif ou d'aveu du défendeur, la Cour condamnera ce dernier à payer une somme qui ne pourra excéder cent dollars pour la première année après la naissance, et cinquante dollars pour chacune des neuf années suivantes, à l'effet de nourrir, entretenir et instruire l'enfant, et, en outre, à supporter les dépenses de l'instance.

ART. 13. — Si la mère est vivante, le père n'aura aucun droit de garde sur l'enfant jusqu'à l'âge de dix ans, à moins que la Cour, sur la demande du père, et après avoir entendu la mère, ne décide que celle-ci est incapable de diriger l'éducation de l'enfant.

ART. 15. — Le mariage des père et mère naturels, après la naissance de l'enfant, a pour effet de donner à celui-ci tous les droits d'un enfant légitime.

Imp. J. Thevenot, Saint-Dizier (Haute-Marne).

www.ingramcontent.com/pod-product-compliance
Ingram Content Group UK Ltd.
Pitfield, Milton Keynes, MK11 3LW, UK
UKHW020052100726
13658UKWH00004B/1716